1. Lesestufe

Katja Reider

Polizeigeschichten

Mit Bildern von Gerhard Schröder

Ravensburger Buchverlag

Bibliografische Information der Deutschen Nationalbibliothek:

Die Deutsche Nationalbibliothek verzeichnet diese Publikation
in der Deutschen Nationalbibliografie.
Detaillierte bibliografische Daten sind im Internet
über http://dnb.d-nb.de abrufbar.

6 7 8 9   E D C B A

Ravensburger Leserabe
© 2015 Ravensburger Buchverlag Otto Maier GmbH
Postfach 18 60, 88188 Ravensburg
Umschlagbild: Gerhard Schröder
Konzept Leserätsel: Dr. Birgitta Reddig-Korn
Design Leserätsel: Sabine Reddig
Printed in Germany
ISBN 978-3-473-36452-7

www.ravensburger.de
www.leserabe.de

Inhalt

Im Stau 4

Gefährliche Nachtwanderung 15

Glück im Unglück 23

Ein ganz heißer Tipp 30

Im Stau

„Oh nein! Jetzt ist richtig Stau!",
mault Julian.
Seit Stunden kommen sie kaum voran.

Die Autobahn ist viel zu voll.
Und nun geht gar nichts mehr!
„Wenn du noch einmal fragst,
wann wir da sind, schreie ich!",
droht Mama.
Julian grinst. „Keine Sorge!
Ich stell mal das Radio an, ja?"

„… wie die Polizei Ulm soeben meldete,
wurde bei einem Überfall
auf einen Juwelier
wertvoller Schmuck gestohlen",
tönt es aus dem Radio.
„Die Räuber flüchteten
in einem roten Lada
mit Elch-Aufkleber am Heck."

„Guck mal! So einer steht neben uns!",
ruft Julian aus.
Mama gähnt.
„Es gibt bestimmt viele rote Ladas!"
„Aber an diesem klebt so ein Elch, das
konnte ich sehen!", trumpft Julian auf.

7

"Echt?" Jetzt wird auch Mama aufmerksam.
Vorsichtig schielt sie ins Auto nebenan.
Zwei Männer sitzen darin.
Sie wirken nervös und sie streiten!

Ups, warum steigt Mama denn aus?
Will sie etwa ...?

Nein, Mama holt nur Äpfel und Kekse
aus dem Kofferraum. Scheinbar!
Zurück im Auto verriegelt sie die Türen.

„Du hattest Recht!", wispert sie.
„Der hat einen Elch-Aufkleber!"
Sie greift zum Handy und wählt 110 ...

Julians Hände zittern, Mama ist blass.
Wie soll die Polizei nur
durch den Stau kommen?

Ach so, auf dem Seitenstreifen!
Tatsächlich, da brausen
zwei Streifenwagen heran!
Die Polizisten springen heraus.
Blitzschnell ist der rote Lada umstellt.

Die Räuber sind viel zu überrascht,
um Widerstand zu leisten.
Handschellen klicken.
Dann werden die beiden Männer
zum Streifenwagen gebracht.

„Ohne euch hätten wir die zwei sicher nicht so schnell gefasst!", lobt der Polizeibeamte.
Julian strahlt vor Stolz.
Und Mama? – Fast noch mehr!

Kapitel 1

Geschafft! Hier kannst du den ersten Sticker einkleben!

Gefährliche Nachtwanderung

In der Zentrale geht ein Notruf ein:
„Mein Mann ist Schlafwandler.
Er hat unbemerkt das Haus verlassen.
Vielleicht schon vor Stunden!
Bei der Kälte draußen erfriert er doch!"

„Keine Sorge! Wir finden ihn!",
sagt die Polizistin beruhigend.
„Wo genau wohnen Sie denn?"
Während die Beamtin zuhört,
alarmiert sie bereits die Kollegen.

Zum Glück ist der Polizei-Hubschrauber
„Hummel 2" ganz in der Nähe!
Der Hubschrauber kehrt von
einem Einsatz auf der Autobahn zurück.
Nun fliegt er direkt weiter zum Stadtwald.

Tim ist der Techniker an Bord.
Er stellt die Wärmebild-Kamera an.
Die erkennt Menschen im Dunkeln,
nur anhand ihrer Körperwärme!

„Ich glaube, da unten
ist unser Schlafwandler", meldet Tim.
„Geh mal etwas tiefer!"
Er schaltet den Such-Scheinwerfer an.
Tatsächlich, sie haben
den Vermissten gefunden!

Tim meldet den genauen Fundort
an die Zentrale.
„Wir haben den armen Kerl
bestimmt erschreckt!", sagt der Pilot.
„Die Kollegen sind ja gleich bei ihm",
meint Tim.

Als Funkstreife und Krankenwagen eintreffen, dreht „Hummel 2" ab. „Jetzt haben wir uns aber wirklich eine Pause verdient!", meint Tim. Der Pilot nickt. „Allerdings!"

Da meldet sich die Zentrale:
„Einsatz für „Hummel 2"!
Seid ihr noch unterwegs ...?"
Die Pause muss wohl noch warten.

Kapitel 2

Glück im Unglück

Pia hat es eilig.
Heute ist ihr erster Tag
in der neuen Dienststelle.
Sicher ist sie wieder die Jüngste von allen!
Ob die Kollegen sie ernst nehmen?

Pia seufzt.
Viel zu spät bemerkt sie
das Motorrad neben sich.
Blitzschnell reißt der Fahrer
Pia die Tasche aus der Hand
und gibt Gas!

„Halt! Polizei!", brüllt Pia.
Sie sprintet los.
Aber das Motorrad ist schneller.
Pia erkennt gerade noch die Zahl
auf dem Nummernschild: 7.

Aber das reicht nicht,
um den Fahrer zu ermitteln.
Oh, wie peinlich:
Eine Polizistin, die sich
am ersten Tag berauben lässt
und sich nicht mal
das Kennzeichen
des Täters merkt!

Niedergeschlagen betritt Pia
die Dienststelle.
Die Kollegen nehmen gerade
eine Anzeige auf.
Oh, die Frau dort ist aber aufgeregt!
„Meine Tasche wurde geraubt!",
berichtet sie verzweifelt,
„eben gerade, vom Motorrad aus!"

Pia ist alarmiert.
„Konnten Sie das Kennzeichen sehen?"
Die Frau zuckt die Achseln.
„Leider nur den Anfang: H-SV.
Aber das gibt's häufig, oder?
Sie brauchen sicher auch
die Zahl dahinter."

„Oh, die habe ich!",
strahlt Pia.
Sie klatscht in die Hände:
Fall gelöst –
noch vor Dienstantritt ..!

Kapitel 3

Ein ganz heißer Tipp

Kommissar Knüll seufzt:
„Drei Banküberfälle in einem Monat
und immer noch keine Spur!"

Da stürmt Knülls Kollegin Anna herein.
„Du, wir haben gerade
einen heißen Tipp bekommen.

Ein Zeuge hat beobachtet, wie jemand im Drogeriemarkt verdächtige Fotos abholte. Die Bilder zeigten einen Vermummten mit roter Mütze, Lederjacke und blauen Turnschuhen."

Knüll pfeift durch die Zähne.
„Exakt die Kleidung
unseres Bankräubers!
Aber warum sollte er
sich fotografieren?"
Anna zuckt die Schultern.
„Vielleicht ist er stolz
auf seine tolle Verkleidung?"

Der Zeuge hat sich sogar den Namen
auf dem Fotoumschlag gemerkt.
So lässt sich die Adresse
leicht feststellen.

Eilig machen sich Knüll und Anna
auf den Weg.
Natürlich nicht allein!

Der Verdächtige scheint
zu Hause zu sein.
Knüll klingelt.
„Aufmachen!", verlangt er. „Polizei!"
Zögernd wird die Tür geöffnet.
„Ja, b-b-bitte?"

Knüll stutzt.
Der Typ sieht nicht gerade
gefährlich aus!

Tatsächlich klärt sich
die Sache mit den Fotos schnell:
„Meine Frau und ich waren
zum Fasching eingeladen",
erklärt der Mann.

„Und da haben Sie sich zum Spaß
wie der Bankräuber verkleidet?",
fragt Anna.
Der Mann nickt errötend.
„Stand ja genau in der Zeitung.
Meine Frau ist als Nixe gegangen."

„So ein Reinfall", seufzt Knüll draußen.
„Jetzt stehen wir wieder am Anfang!"
„Irrtum!", sagt Anna.
„Die Kollegen haben gerade angerufen:
Der echte Bankräuber hat sich gestellt!"

Anna grinst.
„Tja, auch wir haben mal Glück!"
„ ... und Feierabend!",
meint Kommissar Knüll zufrieden.

Leserabe Leserätsel

Rätsel 1

Seltsam, seltsam

Welches Wort stimmt? Kreuze an!

Julian und seine Mama stehen im
- Stroh
- Sand
- Stau

Der Polizeihubschrauber heißt
- Himmel 2
- Hammel 2
- Hummel 2

Der Bankräuber trägt eine
- Mietze
- Matratze
- Mütze

Rätsel 2

Zahlen, Zahlen

Findest du die richtige Seite? Trage die Zahl ein!

Auf Seite ____ steht ein Mal **Kofferraum**.

Auf Seite ____ steht ein Mal **Kennzeichen**.

Auf Seite ____ steht ein Mal **Fall**.

Kreuz und quer

Rätsel 3

Fülle die Kästchen aus!
Schreibe Großbuchstaben:
Motorrad → MOTORRAD

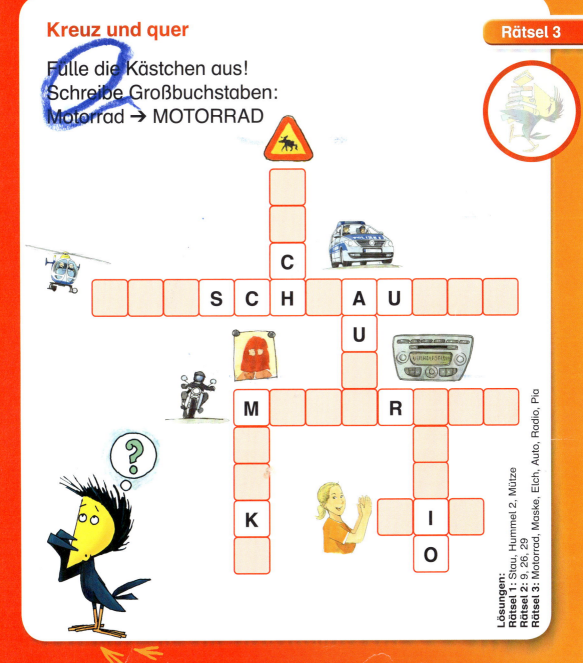

Lösungen:
Rätsel 1: Stau, Hummel 2, Mütze
Rätsel 2: 9, 26, 29
Rätsel 3: Motorrad, Maske, Elch, Auto, Radio, Pia

41

Rätsel 4

Rätsel für die Rabenpost

Fülle die Lücken aus. Trage die Buchstaben in die richtigen Kästchen ein. So findest du das Lösungswort für die Rabenpost heraus!

Die Räuber flüchten im | A | U | |₂|.
(Seite 6)

Hummel 2 fliegt zum
| S | T | | | | |₃| |. (Seite 17)

Tim ist der | | | C | H | |₄| | | R |
an Bord. (Seite 18)

Pia ist eine
|₁| | | |₅| | S | T | | |.
(Seite 26)

Lösungswort:
|₁|₂|₃|₄|₅| | E | I | |

Rabenpost

Herzlichen Glückwunsch!

Du hast das ganze Buch geschafft und die Rätsel gelöst, super!!!

Jetzt ist es Zeit für die Rabenpost. Wenn du das Lösungswort auf Seite 42 herausgefunden hast, kannst du tolle Preise gewinnen!

Gib es auf der  Website ein

▶ www.leserabe.de,

mail es uns ▶ leserabe@ravensburger.de

oder schick es mit der Post.

An
den LESERABEN
RABENPOST
Postfach 2007
88190 Ravensburg
Deutschland

Ravensburger Bücher

Lesen lernen mit Spaß!
In drei Stufen vom Lesestarter zum Überflieger

ISBN 978-3-473-**36449**-7

ISBN 978-3-473-**36437**-4

ISBN 978-3-473-**36438**-1

1. Lesestufe

ISBN 978-3-473-**36454**-1

ISBN 978-3-473-**36440**-4

ISBN 978-3-473-**36441**-1

2. Lesestufe

ISBN 978-3-473-**36456**-5

ISBN 978-3-473-**36442**-8

ISBN 978-3-473-**36444**-2

3. Lesestufe

www.leserabe.de